AF466538

LETTRE

DE

M. L'ABBÉ CARON

A

M. LE RÉDACTEUR

DE LA

GAZETTE DE PICARDIE.

« Tu autem assecutus es meam doc-
« trinam, institutionem, propositum,
« fidem...., quales persecutiones susti-
« nui. — Ob quam causam etiam hæc
« patior, sed non confundor. Scio enim
« cui credidi. » II. *Timoth.* III, 10. 1, 12.

ABBEVILLE,

Imp. de Mme. Ve. BOULANGER-VION et Fils,

Éditeurs du *Mémorial*.

LETTRE

DE M. L'ABBÉ CARON

À

M. LE RÉDACTEUR

DE LA

GAZETTE DE PICARDIE.

LETTRE

A

M. LE RÉDACTEUR

DE LA

GAZETTE DE PICARDIE.

MONSIEUR LE RÉDACTEUR,

EN rapportant, dans votre journal du 30 août dernier, le bref que m'a adressé le Souverain Pontife, et dont je vous avais demandé l'insertion il y a plus d'un mois, vous vous êtes permis contre mes trois derniers ouvrages des insinuations et des attaques odieuses que je dois repousser, plus encore pour maintenir l'autorité de la doctrine catholique, que pour ma propre justification.

Après avoir cité ce Bref, vous ajoutez :

« Ce document, que M. l'abbé Caron vient de nous communiquer, et dont il nous a demandé l'insertion, était accompagné de trois ouvrages imprimés, différens de ceux dont il est question dans le bref qu'on vient de lire. Il nous a paru que ces ouvrages se rapportaient à de hautes questions ecclésiastiques qui dans ce moment sont soumises à l'examen du Saint-Siége, d'après le passage suivant du *Nouveau Mémorial Catholique*, qui porte, tome II, page 84 :

« Nous avons promis des détails authentiques sur « l'audience accordée par le Saint-Père à MM. les ré- « dacteurs de l'*Avenir*. Cette audience, si long-temps « attendue, si souvent sollicitée, soit directement, soit « indirectement, a été enfin accordée. Mais le Souve- « rain Pontife a désiré que les trois voyageurs lui fus- « sent présentés par son Em. Mgr. le cardinal archevê- « que de Besançon, afin que ce prélat, qui a constam- « ment manifesté son opposition aux doctrines de ces « messieurs, fût témoin de la réception qui leur serait » faite. De plus, le Saint-Père, en accordant l'audience, « y a mis pour condition, comme nous l'avons su, « qu'il n'y serait pas prononcé un seul mot touchant » les questions soumises à son jugement; et pour que « ni le public, ni les voyageurs ne pussent apercevoir, « ou feindre d'apercevoir dans cette réception l'appa- » rence même d'une approbation, son Em. le Cardi- « nal*** a écrit à M. de la Mennais de la part du Saint- « Père, une lettre dans laquelle on lit la phrase sui-

« vante : *Sa Sainteté, tout en rendant justice à vos ta-*
« *lens* et *à vos bonnes intentions, ne m'a cependant pas*
« *dissimulé* SON MÉCONTENTEMENT EN GÉNÉRAL *touchant*
« *certaines controverses et opinions*, POUR LE MOINS DAN-
« GEREUSES, *que vous avez soutenues récemment, et qui*
« *ont jeté une si grande division parmi le clergé de*
« *France et* OFFENSÉ LES BONS ET PIEUX CATHOLIQUES.

« Peu de temps après, un évêque français prenant « congé du Saint-Père, S. S. voulut bien lui confirmer « l'authenticité de cette lettre, en lui répétant textuel- « lement la même phrase en langue italienne, et ajou- « tant *que telle était la réponse qu'il avait fait faire à* « *M. de La Mennais, et qu'il lui avait fait savoir en* « *outre qu'il allait faire examiner la doctrine contenue* « *dans ses écrits, mais que cet examen devant être long,* « *il pouvait, en attendant, retourner en France.*

« Nous avons reçu ces détails *écrits de la main* du Prélat Français, *qui les a appris de la bouche même du souverain Pontife.* »

Or, Monsieur, comme *il vous a paru que mes* trois derniers *ouvrages* (1) *se rapportent à ces hautes questions ecclésiastiques, qui, soumises, dans ce moment, à l'examen du Saint-Siége*, ont excité *le mécontentement de Sa Sainteté*, et ont été par Elle jugées *pour le moins*

(1) Les deux Lettres à Monseigneur de Chabons, et la Réfutation de la Théorie Gallicane de M. Affre.

dangereuses, même avant d'avoir *été examinées*, bien que *l'examen en doive être long;* à ces hautes questions enfin, *qui ont jeté une si grande division parmi le clergé de France, et offensé les bons et pieux catholiques :* il en résulte tout naturellement, que, selon vous, Monsieur, ces ouvrages doivent subir le même sort et encourir les mêmes reproches.

Me voilà donc convaincu, comme défenseur de l'unité, d'être possédé d'un esprit de schisme; comme partisan de l'autorité, d'être possédé d'un esprit d'indépendance; comme invoquant la tradition apostolique, de mettre la foi en péril; comme adoptant le témoignage universel, de former une secte particulière; enfin comme soumis à tout ce que Rome a décidé, décide et décidera, d'être en contradiction avec le Saint-Père.

Voilà ce que vous insinuez pour décrier mes écrits, flétrir ma personne, et détruire l'effet des éloges si honorables et si flatteurs que m'a prodigués le chef de l'Eglise, éloges que vous avez eu tant de peine à publier dans la *Gazette*. Certes, ces imputations sont graves, et avant qu'elles échappassent de la bouche d'un chrétien, d'un honnête homme, il semble que la justice et même la prudence eussent exigé au moins qu'on fût bien certain, non-seulement que les faits allégués par le *Nouveau Mémorial* sont exacts, mais encore que l'identité des doctrines contenues dans mes trois écrits avec les opinions soumises, en ce moment, au jugement du Saint-Siége, ne pourrait être contestée raisonnablement. Vous vous êtes affranchi, à mon égard, de ces précautions réclamées cependant par l'équité et la bonne foi. Car ceux qui parlent au public, doivent veiller, toutes les fois qu'ils veulent caractériser une doctrine amie ou ennemie, à ne pas laisser échapper le plus petit mot étourdi. C'est d'après ces jugemens généraux, crus sur parole, que le lecteur, qui examine rarement le fond des choses, forme au hasard ses préjugés, ses sympathies ou ses haines. On peut pardonner beaucoup, dit M. Gerbet, à celui que la chaleur de la discussion entraîne; mais lorsqu'on juge une doctrine sans la discuter, chaque mot doit être scrupuleux, il doit y avoir une conscience dans chaque syllabe.

Il est douloureux pour moi, Monsieur, que dans le jugement porté par vous sur mes ouvrages, il ne vous ait point plu de suivre une règle si raisonnable ; car , certes , il vous est échappé plus qu'un *mot étourdi.*

Quelle offense ai-je donc commise envers la *Gazette de Picardie* , pour autoriser des insinuations de cette nature? En vérité, je l'ignore. Peut-être la *Gazette,* née sous les auspices de M. Affre , a-t-elle eu , en m'attaquant ainsi , la louable intention de justifier la conduite que l'on a tenue et que l'on tient encore à mon égard au palais épiscopal. Prendre la défense du fort contre le faible , du grand contre le petit , de l'oppresseur contre l'opprimé , c'est une conduite noble , chrétienne , admirable sans doute ; mais encore , pour arriver à une si pieuse fin , faut-il que les moyens soient irréprochables , efficaces. Or , les moyens qu'a pris la *Gazette* sont calomnieux , comme on le verra bientôt ; et inefficaces , puisque , loin d'atteindre au but qu'elle se proposait , sa démarche aura infailliblement pour résultat d'aggraver la position déjà si pénible de ses *protégés* , en me forçant à rentrer dans des discussions que je désirais vivement éviter.

Mieux vaudrait un sage ennemi.

En effet , quand mes écrits seraient tels que

la *Gazette* les représente au public, avant de fulminer contre ma personne un interdit négatif, on eût dû attendre non-seulement la condamnation de ces livres, mais de plus la résistance opiniâtre de leur auteur à la sentence de l'Eglise. Fénélon ne fut interdit ni avant ni après la condamnation de ses erreurs ; il est vrai qu'il n'avait pas le bonheur de vivre sous la juridiction de M. Affre.

Mais une autre raison qui prouve la nullité complète des efforts tentés par la *Gazette* pour justifier la persécution que je subis depuis deux ans, raison péremptoire, s'il en fut jamais, c'est qu'au moment où je me sentis frappé des foudres gallicanes, mes trois écrits n'existaient pas encore. En les incriminant, la *Gazette* n'a donc pas été plus heureuse, dans ses moyens justificatifs, que ce brave loup de la fable :

> Tu la troubles ! reprit cette bête cruelle ;
> Et je sais que de moi tu médis l'an passé.
> Comment l'aurais-je fait, si je n'étais pas né ?
> Reprit l'agneau..........

Jusqu'à présent, on a répondu à mes raisons par l'ignoble injure, et même par l'outrage, mais voilà tout : la vérité, l'incorruptible vérité est toujours là.

Peut-être la *Gazette de Picardie* sera-t-elle plus heureuse ou plus habile ; et, dans son immense sollicitude pour les doctrines catholiques, les droits et prérogatives du Saint-Père, parviendra-t-elle à me mettre en défaut, et à me convaincre de tous les griefs qu'on m'impute.

Ecoutez donc ; voici l'argument formidable qui doit m'immoler sûrement et victorieusement à la la gloire du gallicanisme et aux mânes de ses docteurs :

« Les rédacteurs de *l'Avenir* ont été mal reçus à Rome, leurs doctrines, pour le moins dangereuses, ont mécontenté le Saint-Père, jeté la division parmi le clergé et offensé les bons et pieux catholiques ; donc M. Caron, qui, par parenthèse, est resté absolument étranger à la rédaction de ce journal, est mal en cour de Rome, enseigne de mauvaises doctrines, etc., etc. » Voilà le résumé de l'article publié contre moi par la *Gazette*.

Or, après cette preuve accablante de mon délit, est-il étonnant que l'on n'ose me confier une place? que je ne puisse ni prêcher, ni confesser dans la paroisse où je réside, ni même (chose incroyable, mais pourtant très-vraie) y chanter la messe, depuis qu'à la demande de plusieurs ecclésiastiques respectables, j'ai eu l'audace d'inviter les Abbevillois, mes concitoyens, à implorer la miséricorde de Dieu pour échapper à un terrible fléau, et à secourir par d'abondantes aumônes les cholériques indigens. Car, il est bon qu'on le sache, la persécution qui pèse sur moi va jusque-là, et l'on descend jusqu'à ces odieuses et étranges bassesses, pour me décrier et me perdre dans l'opinion publique (1)!!!

Voilà pourtant à quels excès la haine de la vérité peut conduire la faiblesse... Encore ne m'est-il pas permis de tout révéler ici.

Il n'entre pas dans mon dessein d'examiner la véracité du fameux passage allégué directement contre les rédacteurs de l'*Avenir*, et indirectement contre moi, par la *Gazette de Picardie ;* ce passage, vrai ou faux, est absolument étranger à mes ouvrages, comme on le verra bientôt. Or, malgré la vive sympathie, la tendre amitié qui m'unit aux auteurs du journal incriminé, je me garderai bien de prendre ici leur défense, de peur qu'ils ne m'accusent de compromettre leur noble caractère et le mien, en m'abaissant jusqu'à prouver combien sont lâches les machinations employées pour les avilir.

(1) Voyez, à la fin de cette lettre, la pièce qui m'a mérité cette nouvelle avanie.

D'ailleurs mes excellens amis se défendront bien eux-mêmes, s'ils jugent la *Gazette* digne de leurs coups. Ah! que je vous plains, Monsieur le Rédacteur, si jamais vous tombez sous la plume formidable de l'Athanase français!

Je me bornerai donc à remarquer, 1°. que le passage allégué par la *Gazette* est en contradiction manifeste avec les détails publiés par *l'Union Bretonne*, *le Courrier Lorrain*, *le Courrier de l'Europe*, relativement à la réception faite par le Saint-Père aux illustres *pélerins de Dieu et de la liberté.*

2°. Qu'il est invraisemblable que Sa Sainteté ait accueilli avec si peu d'égards un prêtre dont l'Europe catholique admire le génie, l'héroïque courage, les hautes vertus, et cette parfaite obéissance dont il vient tout récemment de donner un aussi éclatant témoignage; un prêtre, enfin, qui a rendu à l'Eglise de si éminens services, et dont *le nom*, selon Léon XII, *équivaut à la plus grande louange* (1).

---

(1) *Bref de Léon* XII *à M. Rossi*, *libraire à Modène.* Ce libraire avait offert à Sa Sainteté une édition des Œuvres de Monseigneur Turchi, évêque de Parme, et

Quoiqu'il en soit de ces faits rapportés contre les rédacteurs de l'*Avenir*, fussent-ils vrais, quelle conclusion en pouvez-vous tirer contre mes deux *lettres à Monseigneur de Chabons*, et contre ma *Réfutation de la théorie gallicane sur la souveraineté temporelle*?—J'en infère, direz-vous, que ces trois écrits méritent les qualifications sévères appliquées par le Chef de l'Eglise au journal *l'Avenir*; car les doctrines qui y sont contenues ne sont-elles pas les mêmes?

— Oui et non. Je m'explique :

Dans les trois écrits en question, j'ai combattu uniquement le gallicanisme, et repoussé de toutes mes forces, avec les rédacteurs de l'*Avenir*, cette religion bâtarde, d'abord, pour me servir de leurs paroles, « parce que la déclaration de 1682 qui en est l'expression, a été *cassée*, *annulée*, *improuvée* plusieurs fois par le Saint-Siége, sans distinction d'articles; et

---

la traduction des quatre premiers volumes de l'*Essai sur l'Indifférence*. « Ils étaient bien dignes de pareils soins, « dit le Saint-Père, ces deux auteurs, dont le nom « équivaut à la plus grande louange (*Quorum nomen* « *instar summœ laudis est*), et leurs écrits, ainsi publiés, « ont été pour nous le présent le plus agréable (*corum-* « *que scripta sic composita donum nobis extitit acceptis-* « *simum*). »

ensuite parce que la doctrine qu'elle renferme, opposée à l'invariable enseignement de l'Eglise romaine, établit à la fois l'anarchie dans la société spirituelle, et la servitude dans la société politique (1). »

Sous ce rapport, il y a donc véritablement une parfaite conformité entre mes livres et les écrits des rédacteurs de l'*Avenir*. Et il le faut bien, puisqu'ici la dissidence de sentimens n'est ni ne peut être permise : si un catholique est libre d'être gallican comme il est libre de faire le mal, il n'en a cependant point le droit; car les doctrines opposées à la funeste déclaration de 1682, renouvelée par quelques prélats de cour en 1826, mais réprouvée depuis 150 ans par une suite non interrompue d'actes et de constitutions du Siége apostolique, ces doctrines, dis-je, sans être des articles de foi, sont *certaines en matière de foi*. D'où il suit qu'un catholique ne peut, sans crime, adhérer à la doctrine gallicane, à moins qu'il ne soit excusé par l'ignorance involontaire de ces actes et de ces constitutions. Voilà pourquoi les souverains Pontifes déclarent, par l'organe de la sacrée Pénitencerie, qu'on ne peut absoudre

(1) Voyez la *profession de foi* des rédact. de *l'Avenir*.

sacramentalement les prêtres qui adhèrent à cette doctrine, qu'autant qu'ils sont de *bonne foi* (1).

(1) Voici la question adressée au chef de l'Église, et la réponse qu'y a faite la sacrée Pénitencerie :

« Très-Saint Père, N., confesseur en France, consulte « très-humblement Votre Sainteté, pour savoir s'il peut « et doit absoudre ces ecclésiastiques qui refusent de « se soumettre à la condamnation prononcée par le « Saint-Siége, des quatre fameux articles du clergé de « France. Par là on retranchera bien des questions, « et on apaisera bien des troubles de conscience. »

RÉPONSE :

« La sacrée Pénitencerie, après avoir mûrement « examiné la question proposée, a cru devoir répondre « qu'à la vérité la déclaration de l'assemblée du clergé « de France de 1682 a été fortement improuvée par le « Saint-Siége, et ses actes cassés et déclarés nuls et de « nul effet; que cependant aucune note de censure théo- « logique n'a été attachée à la doctrine qu'elle renferme; « qu'en conséquence, on peut absoudre sacramenta- « lement ces prêtres qui adhèrent encore à cette doc- « trine de bonne foi et avec une intime persuasion, « pourvu que, d'autre part, on les juge dignes d'abso- « lution. Donné à Rome dans la sacrée Pénitencerie, le « 27 septembre 1820. »

Il résulte de cette décision que *la bonne foi* est une condition rigoureusement nécessaire pour qu'un *prêtre qui adhère encore à la doctrine gallicane, et qui refuse de se soumettre à la condamnation prononcée par le Saint-Siége, des quatre fameux articles du clergé de France*, puisse recevoir légitimement l'absolution.

Il faut donc, de toute nécessité, qu'en soi, être gallican, soit une très-grave erreur, un péché mortel puisque celui qui adhère encore à cette doctrine est, par là

Ce n'est donc pas à cause de leur opposition aux perverses maximes de la religion gallicane que le journal l'*Avenir* et mes trois ouvrages peuvent encourir les odieuses qualifications que vous leur appliquez, Monsieur, avec autant de mauvaise foi que d'injustice. Car comment espérez-vous persuader à vos lecteurs que des écrits qui ne renferment que les doctrines du chef de l'Eglise, qui ne sont consacrés qu'à la défense de ses droits et prérogatives, sont néanmoins suspects au Chef de l'Église, soumis à un jugement, et de plus déclarés par lui *pour le moins dangereux*?

---

même, indigne d'absolution, à moins qu'il ne soit excusé *par la bonne foi*. Car si c'était une doctrine indifférente, ou du moins une faute légère, la sacrée Pénitencerie n'eût pas ajouté, *s'il est de bonne foi*. En effet, si le Pape était consulté sur la conduite que l'on doit tenir dans le sacré tribunal envers les ecclésiastiques qui adhèrent en tout aux doctrines du Saint-Siége, croit-on qu'il répondît qu'on peut absoudre sacramentalement ces prêtres *s'ils sont de bonne foi?* Qui le pensera?

Il est donc prouvé par la décision de la sacrée Pénitencerie, que la doctrine gallicane est une erreur très-grave, puisque, d'une part, les prêtres qui y adhèrent ne peuvent être absous qu'autant qu'ils sont de *bonne foi*, et que, d'autre part, l'absolution ne peut être refusée, en rigueur, que pour un péché mortel.

Toute la question se réduit donc à savoir ce qui constitue *cette bonne foi*, qui excuse de péché les prêtres gallicans.

Or, cette décision est la règle que doivent suivre les

En vérité, ce serait vous supposer bien du pouvoir sur l'esprit de vos abonnés. Le Saint-Père se condamnerait-il donc lui-même pour le bon plaisir des gallicans? On ne saurait pousser plus loin le détachement de soi-même. Pour moi, ce qui me confirme plus que jamais dans mon incrédulité à cet égard, c'est qu'on lit dans l'*Union Bretonne*, quatrième livraison, pages 288 et 289, le passage suivant : « Voici un do-
« cument que nous venons de recevoir du Saint-
« Siége. Nous l'avions conjuré, par une très-
« humble supplique, en date du 1er. septembre
« dernier, de lever tous nos doutes et de nous

---

confesseurs, comme l'ont très-bien remarqué les rédacteurs de *l'Avenir* dans la profession de foi qu'ils ont soumise au Saint-Siége. «Quant à la conduite à tenir,
« disent-ils, dans le Sacrement de Pénitence, envers les
« prêtres qui admettent ou professent la doctrine de
« ces quatre articles, nous croyons que l'on doit se
« conformer à la décision de la sacrée Pénitencerie,
« en date du 27 septembre 1820. »

Il s'agit donc uniquement de savoir ce qui constitue *cette bonne foi*, qui excuse de péché. Or, le bon sens universel, d'accord en cela comme en tout le reste avec la théologie catholique, enseigne que la résistance à l'*autorité connue* exclut cette bonne foi. D'où il suit que les prêtres gallicans qui connaissent sur ce point l'enseignement de l'Église, sont indignes d'absolution. Voyez mes *Observations pratiques sur une décision de la Sacrée Pénitencerie*, auxquelles les Gallicans ont oublié de répondre.

« indiquer la voie que nous devons suivre dans « nos écrits publics : le priant de nous faire « connaître si nos combats étaient inopportuns, « pénibles aux souverains Pontifes, si le galli- « canisme était une erreur contraire à la vérité « catholique, ou une simple opinion indiffé- « rente et nullement opposée à la foi, dont la « défense ou la discussion fût intempestive et « dangereuse. Le Pape Grégoire XVI, le vicaire « du Christ, en levant tous nos doutes, nous a « fait savoir, par sa décision en date du 12 dé- « cembre dernier, que la voie qu'il faut suivre « à cet égard est clairement indiquée par la « constitution d'Alexandre VIII (1), par le dé- « cret du même pape, en date du 7 décembre « 1690 (2), et par la constitution du pape Pie « VI, intitulée : *Auctorem fidei* (3).

---

(1) « Bulle qui casse, annule et improuve *tous* et « *chacun* des *articles* de la déclaration du clergé gal- « lican de 1682. »

(2) Les bras de ce pape mourant s'étendirent pour repousser la doctrine gallicane, comme contraire à la foi.

(3) *Bulle d'excommunication* rendue contre le synode de Pistoie. « L'on ne doit pas, dit le vénérable Pontife, « passer sous silence cette insigne et frauduleuse témé- » rité du synode, qui . . . . *a osé prodiguer les plus « grands éloges à la déclaration de l'assemblée galli- « cane de 1682, depuis long-temps réprouvée par le « siége apostolique.* »

« *Ratio quam sedes apostolica in iis tenen-*
« *dam censuit, satis manifesta est ex constitu-*
« *tione* INTER MULTIPLICES *Alexandri* VIII, *atque*
« *ex alio ejusdem decreto diei* 7 *decembris* 1690,
« *et ex constitutione Pii* VI, *quæ incipit* AUC-
« TOREM FIDEI.

« Ainsi pour nous, catholiques, la question
« du gallicanisme est définitivement jugée. Nous
« n'entreprendrons plus de persuader ceux qui
« persisteraient dans une erreur condamnée so-
« lennellement par Alexandre VIII, anathéma-
« tisée par Pie VI et réprouvée dans les mêmes
« termes par Grégoire XVI. »

Mais il y a plus : en ce qui me concerne personnellement, il n'est pas, que je sache, une seule ligne de mes écrits qui ait été, je ne dis pas réfutée, mais même attaquée publiquement par mes plus ardens persécuteurs. Et certes, on croira sans peine, que ce n'est pas de leur part un excès d'indulgence envers mes doctrines. La *Gazette* pouvait et devait donc, ce semble, être en repos touchant mon orthodoxie. Mais il lui était réservé, apparemment, d'apercevoir dans mes ouvrages des erreurs qui avaient échappé, jusqu'à ce jour, à la malveillance même des plus zélés et des plus opiniâtres gallicans. *Il nous a paru*, dit-elle, *que ces ouvrages se rapportaient à de hautes questions ecclésiastiques qui dans ce moment sont soumises à l'examen du Saint-Siége*. L'allégation est fausse, calomnieuse, d'une insigne mauvaise foi; mais ce n'est pas tout. Il ne lui suffisait pas de présenter notre doctrine comme douteuse, suspecte au Saint-Siége et l'objet d'un examen canonique, elle a soin d'insinuer, que ces *hautes questions ecclésiastiques*, *d'après le passage suivant*, sont *pour le moins dangereuses*, qu'elles ont *mécontenté le Saint-Père, jeté une très-grande division parmi le clergé*, *et offensé les bons et pieux catholiques*. Et pour donner à ces graves imputations le plus haut degré d'autorité, et les rendre plus poignantes à un prêtre catholique qui s'est sacrifié pour la défense des droits du Vicaire de Jésus-Christ, c'est dans la bouche même du Vicaire de Jésus-Christ qu'on a eu soin de les placer.

Quels sont donc ces hommes qui nous traînent violemment jusqu'à la barre de la société, et veulent nous clouer au pilori de l'opinion catholique? Etrange renversement! C'est le coupable qui dresse l'échafaud pour l'innocent. Hommes de la *Gazette*, souvenez-vous qu'Aman, le perfide Aman, fut attaché au même gibet qu'il avait préparé pour le fidèle Mardochée. Catholiques rebelles aux décisions des souverains Pontifes, qui n'êtes préservés de l'hérésie formelle qu'à force d'inconséquence, qu'on ne peut absoudre qu'autant que votre révolte serait excusée par votre ignorance, c'est bien à vous qu'il appartient d'incriminer nos écrits, et de venir sans pudeur, nous donner des leçons d'orthodoxie et d'obéissance! Que s'il vous plaît d'être vous-mêmes vos guides, vos docteurs, vos maîtres, au moins ne nous imputez pas vos propres iniquités, n'accusez pas d'erreur et de désobéissance ceux qui, soumis pleinement à la conduite du premier Pasteur, n'ont d'autre principe que de lui obéir.

Après avoir vu en quoi mes écrits sont conformes à ceux des rédacteurs de l'*Avenir*, il faut montrer en quoi ils en diffèrent. Cette différence, toute négative, provient de la nature de ces écrits. Les miens sont exclusivement religieux; car, me bornant à défendre les droits divins du Siège de saint Pierre, et ces maximes d'éternelle justice qui sont la base nécessaire de toute société, et qui doivent, selon la doctrine catholique, comme selon la raison universelle, servir de règle aux nations et aux rois, aux gouvernans comme aux gouvernés, je ne suis jamais descendu dans l'arène politique. Prêtre catholique, et rien de plus, en dehors et au-dessus de tous les partis en cette qualité, mes trois écrits incriminés par la *Gazette* ne contiennent pas un mot pour ou contre Charles X, pour ou contre Philippe Ier., pas un mot pour ou contre telle ou telle forme de gouvernement, pas un mot enfin des doctrines politiques reprochées, à tort ou à droit (ce que nous apprendra la décision du Saint-Siége), au journal de M. de La Mennais.

Quant aux rédacteurs de l'*Avenir*, en leur qualité de journalistes, ils ont parlé et ont dû parler des faits qui concernent l'état actuel de la France et de l'Europe, entrer, en un mot, dans l'ordre d'*application* : voilà ce qui établit entre l'*Avenir* et mes écrits une différence tranchée. Il ne peut donc y avoir d'identité sous le rapport politique entre nos ouvrages, puisque je n'ai pas écrit une ligne de politique.

D'après cet exposé, le public peut apprécier la justice des insinuations et des attaques de la *Gazette de Picardie* contre un prêtre qui n'est persécuté par son évêque qu'à cause de son inviolable attachement au centre de l'unité catholique.

Et que la *Gazette* n'allègue pas, pour se justifier, une erreur involontaire sur la nature de mes écrits qu'elle censure si amèrement. Car, en supposant qu'elle ne les eût point lus avant de les juger, toujours est-il qu'elle ne pouvait en aucune façon s'y méprendre, puisque le titre même de ces livres indiquait assez qu'ils n'avaient aucun rapport avec la politique. En effet quel rapport était-il possible de présumer entre *deux lettres adressées à Mgr. l'évêque d'Amiens*, *la réfutation de la théorie gallicane sur la souveraineté temporelle*, et les révolutions de la France, de la Belgique et de la Pologne, etc. ?

L'attaque dirigée contre moi par ce journal est donc une véritable perfidie. On peut juger par ce fait à quels excès l'esprit de coterie peut se porter.

Au reste, comme ces graves imputations ne sauraient empêcher que le suffrage du Père commun des fidèles ne soit toujours aux yeux des catholiques la plus haute autorité, je puis victorieusement opposer les témoignages d'estime et d'affection que j'ai reçus du souverain Pontife aux rigoureux effets du courroux gallican. Car, dans le bref que vient de m'adresser sa Sainteté, j'ai la preuve irrécusable, non-seulement qu'aucun de mes écrits n'a encouru sa disgrâce, mais, de plus, que les doctrines qu'ils contiennent ont obtenu sa haute approbation.

En offrant, l'an dernier, au Saint-Père tous mes ouvrages sans aucune exception, je lui adressai, en même temps, deux lettres dont l'une contenait les passages suivans ;

« Très-Saint-Père,

« Témoins, chaque jour, des affreux ravages qu'exercent en France, dans l'ordre religieux et dans l'ordre civil et politique, les funestes doctrines gallicanes, les vrais catholiques sont pénétrés d'une profonde douleur, et ils tremblent sur l'avenir d'une église et d'un Etat dont ces maximes, tant de fois réprouvées par le Saint-Siége, tendent à renverser à la fois les fondemens.

Prêtre catholique romain, ce n'était pas assez pour nous de gémir sur des maux si grands, il était de notre devoir de travailler à en arrêter le cours, et d'unir nos faibles efforts à ceux des intrépides défenseurs que Dieu, en ces jours mauvais, a suscités à sa sainte Epouse, dans notre patrie.

« C'est, TRÈS-SAINT-PÈRE, ce que nous n'avons cessé de faire de vive voix depuis que l'onction sacerdotale a marqué notre front; mais pour contribuer plus efficacement, s'il se pouvait, à la défense et à la propagation des saintes doctrines romaines, nous avons composé, sous les yeux de M. de La Mennais, et nous venons de publier un ouvrage intitulé : *Réfutation de la théorie gallicane sur la souveraineté temporelle.*

« Cette nouvelle production, nous venons la déposer aussi aux pieds de l'auguste successeur du Prince des apôtres, la soumettre, avec une parfaite obéissance, au jugement *irréformable* de celui que a reçu de Jésus-Christ lui-même le droit de paître ses agneaux et ses brebis, les pasteurs comme les simples fidèles.

« Daigne le Tout-Puissant, qui emploie quelquefois les instrumens les plus faibles à l'accomplissement de ses plus hauts desseins, bénircet écrit et le faire servir au triomphe de ces doctrines sacrées sans lesquelles il n'est point d'ordre, de justice, et parconséquent point de société possible sur la terre.

« Nous avons cru devoir joindre à la réfutation de la théorie gallicane, quelques réflexions pratiques sur une décision de la sacrée Pénitencerie relative au gallicanisme, et deux lettres à Monseigneur l'évêque d'Amiens, publiées précédemment, au sujet d'une persécution que ce prélat a exercée et exerce encore contre nous, pour nous punir de notre zèle à défendre les doctrines de son Chef et du nôtre.

« Que si, comme nous osons l'espérer, TRÈS-SAINT-PÈRE, Votre Sainteté daigne jeter un regard sur ces lettres, restées l'une et l'autre sans réplique, elle verra comment sont traités dans le diocèse d'Amiens, les défenseurs des doctrines romaines, ses enfans les plus soumis et les plus dévoués ; et, chose étrange ! précisément et uniquement parce qu'ils sont tels, et nonobstant les services qu'ils ont, de l'aveu de Monseigneur, rendus à son diocèse. »

Or, voici la réponse du Chef de l'Eglise à cet exposé des sentimens et des doctrines dont tous mes écrits ne sont que le développement et le commentaire :

« *A notre cher Fils* CARON, *Chanoine honoraire de l'Église Cathédrale d'Amiens*,

GRÉGOIRE XVI, Pape.

CHER FILS, Salut et Bénédiction Apostolique.

Nous avons reçu, avec vos lettres, deux ouvrages que vous avez publiés en français, dont l'un a pour titre *Jésus-Christ le vrai Isaac*, et l'autre *Essai sur les rapports entre Joseph et Jésus-Christ:* ouvrages dans lesquels vous vous êtes proposé de confirmer la vérité de notre très-sainte religion par des preuves tirées de l'histoire de ces anciens Patriarches. Distrait, à la vérité, par les embarras multipliés d'affaires de la plus haute importance, nous n'avons encore pu trouver un moment de loisir pour en faire une lecture attentive. Toutefois les sentimens distingués de religion, de piété, et de dévouement pour Nous et le Siége Apostolique, si clairement exprimés dans vos susdites lettres, nous inspirent une telle opinion de votre vertu, que nous nous persuadons facilement que non-seulement il ne vous est rien échappé de répréhensible dans ces livres, mais que tout, au contraire, y répond parfaitement à la fin très-sainte que vous aviez en vue. Dans cette ferme espérance, nous louons aussi la résolution que vous avez prise de composer d'autres ouvrages du même genre, ne doutant nullement, cher Fils, que, *pénétré d'horreur pour tout esprit de nouveauté,* vous n'adhériez constamment, en scrutant les divines Écritures, au sentiment de vérité qu'ont enseigné les Pères, et dont notre sainte Mère, l'Église, est la perpétuelle dépositaire. Au reste, cher Fils, nous vous rendons de sincères actions de grâces pour ce service, et vous accordons de cœur la Bénédiction Apostolique en témoignage de notre spéciale affection. Donné à Rome, en Saint-Pierre, le 2 juin 1832, la deuxième année de notre pontificat (1) ».

---

(1) *Dilecto Filio* CARON *Canonico honorario Cathedralis Ecclesiæ*, *Ambianum.*

GREGORIUS P. P. XVI.

Dilecte Fili salutem et Apostolicam Benedictionem.

Accepimus cum tuis Litteris bina Opera gallico sermone a Te edita, quorum alteri titulus est : « *Jesus Christus verus Isaac :* » alteri autem : « *Specimen relationum inter Joseph*, et *Jesum Christum :* » quibus scilicet id Tibi propositum fuit, ut veritatem sanctissimæ nostræ Religionis argumentis confirmares ex vete-

Entendons maintenant la *Gazette de Picardie* : « Ce document, dit-elle, . . . était accompagné de trois ouvrages imprimés, différens de ceux dont il est question dans le bref qu'on vient de lire. »

— Ces trois écrits, sans doute, sont différens de ceux dont il est question dans le bref quant à leur objet : je n'ai jamais nié cela; mais ils sont *les mêmes quant à la doctrine* (qui est l'unique point de la question entre nous), puisqu'ils ont

---

rum horum Patriarcharum historiâ desumptis. Nobis quidem multiplici gravissimarum rerum curâ distentis nihil adhuc superfuit vacui temporis, quo tua eadem opera perlegeremus. Sed eximii religionis, pietatis, atque in Nos Sedemque Apostolicam obsequii sensus, quos memoratis tuis litteris luculentissime declarasti, eam Nobis ingerunt de tuâ virtute opinionem, ut facile Nobis persuadeamus in iis libris non modo nihil Tibi excidisse reprehensione dignum, sed omnia potius sanctissimo, quem spectabas, fini apprime respondere. Hâc spe freti laudamus etiam consilium tuum de aliis ejusdem generis Operibus scribendis; minime dubitantes, quin Tu, Dilecte Fili, in scrutandis divinis Scripturis *ab omni abhorrens novitatis spiritu*, ei constanter adhæreas veritatis sensui, quem Patres docuerunt, et sancta Mater Ecclesia tenuit ac tenet. Quod superest, sinceras agimus pro officio gratias, et Apostolicam Benedictionem cum singularis caritatis testificatione Tibi, Dilecte Fili, impertimur ex corde.

Datum Romæ apud Sanctum Petrum die 2 Junii Anni 1832,

Pontificatûs Nostri Anno II.

Carolus Vissardelli SS. D. N. ab Epistolis latinis.

tous également pour base *la raison universelle*, et pour règle l'infaillible autorité du Vicaire de Jésus-Christ; et que tous sont anti-gallicans, *papistes*, et même *très-papistes*, pour me servir d'une qualification qui m'a été appliquée par la *Sentinelle Picarde*.

Il suit de là que le chef de l'Eglise, en me *rendant de sincères actions de grâces pour ce service*, c'est-à-dire, pour mes ouvrages sur l'Ecriture-Sainte, approuve indirectement la doctrine contenue dans mes autres écrits, puisqu'elle est la même.

Mais voici une considération plus décisive encore : C'est que dans ce bref, si honorable, et si consolant pour moi au sein de la persécution, le Docteur des docteurs ne me parle pas uniquement de mes travaux sur l'Ecriture-Sainte, mais que, de plus, il me félicite sur l'excellence de mes *sentimens de religion, de piété, de dévouement pour sa Personne et le Siége apostolique, si clairement*, dit-il, *exprimés dans mes lettres*. Ce sont même ces sentimens, fort peu gallicans comme on l'a vu plus haut, qui *persuadent facilement* au Saint-Père que, *non-seulement il ne m'est rien échappé de répréhensible dans mes livres* sur les divines Ecritures, *mais que tout, au contraire, y répond parfaitement à la fin très-sainte que j'avais en vue.* Ce sont encore ces mêmes sentimens qui ne permettent pas à sa Sainteté *l'ombre même d'un doute* sur mon *horreur pour tout esprit de nouveauté* et sur mon *adhésion constante au sentiment de vérité qu'ont enseigné les Pères, et dont notre sainte mère l'Eglise, est la perpétuelle dépositaire.* Enfin l'auguste chef de la chrétienté finit par *m'adresser de sincères actions de grâces* et *m'accorder du fond du cœur la bénédiction apostolique en témoignage de sa spéciale affection.*

Or, quels sont ces sentimens si hautement applaudis du Saint-Père, et qu'il a trouvés *si clairement exprimés dans mes lettres*? Relisez le fragment que j'en ai cité plus haut, Monsieur le Rédacteur; et, la main placée sur la conscience, dites-moi, si vous y trouvez un mot favorable au gallicanisme, ou plutôt si ce passage tout entier n'en est point la plus énergique censure, et ne renferme pas en abrégé et en substance la doctrine de mes trois écrits si imprudemment incriminés par vous?

Dites-moi encore, s'il est croyable que le Saint-

Père eût écrit en ces termes à un auteur qui lui aurait offert des ouvrages *pour le moins dangereux, propres à jeter une grande division dans le clergé, et à offenser les bons et pieux catholiques*? Qui le pensera? D'ailleurs, puisque, selon nos adversaires, Sa Sainteté n'a pas *dissimulé son mécontentement à M. de La Mennais*, pourquoi me l'aurait-elle dissimulé, à moi? pourquoi m'eût-ellehonoré de ses éloges? Ici donc, comme toujours, *l'iniquité a menti contre elle-même.*

De pareils éloges, Monsieur, dans une pareille *position* sont une grande leçon donnée par la divine Providence à mes opiniâtres persécuteurs; car ils prouvent, d'une manière péremptoire, et montrent aux moins clairvoyans, l'opposition tranchée qui existe entre mes adversaires et le Saint-Siége, d'une part; et d'autre part, l'entière et parfaite conformité de mes écrits et de mes sentimens avec le centre de l'unité catholique. Ainsi, tout à-la-fois approuvé à Rome, interdit à Amiens; applaudi des vrais catholiques, flétri par les rédacteurs de la *Gazette de Picardie*; honoré de l'approbation et de l'affection du Chef de l'Eglise catholique, en butte à la haine, aux rigueurs des chefs de la religion gallicane : voilà une coïncidence d'événemens qui n'a , certes, nul besoin de commentaire.

Mais enfin, direz-vous, le Saint-Père ne vous dit rien des *Lettres à M. de Chabons,* ni de la *Réfutation de la théorie gallicane.* — Eh bien ! puisqu'il n'en dit rien, il ne les censure donc point. Pourquoi donc insinuez-vous méchamment que sa Sainteté les désapprouve et les condamne?

Au surplus, le silence gardé par Elle sur ces écrits, relatifs à M. l'évêque d'Amiens, et à la puissance temporelle dans ses rapports avec l'Eglise, est bien facile à expliquer. On conçoit que le Souverain Pontife, dans les circonstances difficiles où se trouve aujourd'hui placée l'Eglise, ait craint de blesser de hautes susceptibilités, et qu'il se trouve obligé à beaucoup de ménagemens à l'égard des puissances gallicanes. Mais il manifeste suffisamment sa pensée sur ces écrits, par la manière dont il s'exprime sur mes lettres, qui, je le répète, en renferment la substance.

Vous avez donc, Monsieur, complètement méconnu mes doctrines ; vous vous êtes permis contre ma personne et mes ouvrages des insinuations aussi fausses que violentes. Loin d'avoir, comme on l'insinue, excité *le mécontentement* du souverain Pontife en soutenant des opinions *pour le moins dangereuses*, j'ai consolé son cœur paternel, en combattant des doctrines *réprouvées*, qui font la *douleur* du Saint-Siége, selon le vénérable Pie VI, et qu'il n'a jamais pu *souffrir*, de l'aveu même des gallicans ; loin d'avoir *jeté la division parmi le clergé*, mes écrits n'ont eu pour but que de l'unir indissolublement au centre de la foi et de la communion catholiques; enfin, loin d'avoir *offensé les bons et pieux catholiques*, ils y ont trouvé une exposition fidèle du *catholicisme pur, du catholicisme romain, du catholicisme qui a conquis le monde et qui va le conquérir encore* ; du catholicisme, en un mot, qui est la sauve-garde des peuples et des rois, puisqu'il place entre eux et au-dessus d'eux la loi éternelle de justice, qui doit réprimer les excès du pouvoir et les excès de la liberté.

Les injustes reproches qu'on m'adresse, je les renvoie à ces catholiques bâtards, qui prétendent que les décrets les plus solennels de l'auguste chef de la chrétienté, du vénérable dépositaire de l'infaillible autorité de saint Pierre ne sont pas *irréformables*, et qu'ainsi on ne leur doit qu'une obéissance provisoire; à ces catholiques qui bannissent Jésus-Christ lui-même de la société civile et politique, nient sa divine royauté, bien qu'il soit *le Roi des rois, le Seigneur des seigneurs* (1), non-seulement comme Dieu, mais même comme homme, puisque ces augustes titres sont écrits *sur son vêtement et sur le fémur*, dit S. Jean, et qu'il nous assure que *toute puissance lui a été donnée dans le ciel et sur la terre*. Voilà ceux qui, renversant à la fois les fondemens de l'Eglise et de l'Etat, enseignent des doctrines *pour le moins dangereuses*, *contristent* le Saint-Père, *jettent la division parmi le clergé, et offensent les bons et pieux catholiques.*

Les rôles sont donc changés entre nous, Monsieur le Rédacteur; et ce n'est pas d'aujourd'hui

(1) « Le règne de Jésus-Christ, dit M. de Bonald, n'est autre chose que la propagation du christianisme, dont les lois doivent, tôt ou tard, régler les lois de tous les Etats et de toutes les familles, et qui même, actuellement, en règlent la plus grande et la meilleure partie... il n'y a pasde vérité exprimée plus à découvert dans l'Evangile, que la royauté de Jésus-Christ sur la société même politique. Le passage, *mon royaume n'est pas de ce monde,* par lequel on a voulu lui en contester, pour ainsi dire, l'exercice, ne peut et ne doit s'entendre que du monde idolâtre et corrompu au milieu duquel il parlait, et qui avait pour roi le prince des ténèbres. »

que la rébellion accuse la fidélité. Ecoutez :

« Achab vint à la rencontre d'Elie. Et le voyant,
« il lui dit: N'êtes-vous pas celui qui trouble Israël?
« Elie lui répondit : ce n'est pas moi qui ai trou-
« blé Israël, mais vous et la maison de votre
« père, qui avez abandonné les commandemens
« du Seigneur, et qui avez suivi Baal. »

Croyez-moi, Monsieur, replacez-vous tout d'abord sur la voie même de l'Eglise romaine, où les vues sont forcées de s'élargir pour être conséquentes, alors même qu'on se tient dans le cercle étroit d'un parti politique.

J'ai l'honneur d'être,

Monsieur,

Votre très-humble serviteur :

CARON,

Ancien Curé-Doyen d'Ailly-le-Haut-Clocher,
Chanoine honoraire d'Amiens.

Abbeville, le 8 septembre 1832.

P. S. Au moment où l'on achève l'impression de cette lettre, j'apprends que les Rédacteurs de *l'Avenir,* « convaincus, d'après la lettre encycli-
« que du Souverain Pontife Grégoire XVI, qu'ils

« ne pourraient continuer leurs travaux sans se « mettre en opposition avec la volonté formelle « de celui que Dieu a chargé de gouverner son « Église ; croient de leur devoir, comme catho- « liques, de déclarer que, respectueusement « soumis à l'autorité suprême du Vicaire de Jé- « sus-Christ, ils sortent de la lice, où ils ont loya- « lement combattu pendant deux années. »

C'est ainsi que mes nobles amis confondent leurs calomniateurs : ils n'ont pas même attendu le jugement du Saint-Père pour se soumettre à sa volonté. Cette admirable conduite n'a rien qui m'étonne, car je n'attendais rien de moins de leur éminente piété.

Mais quand donc les évêques et les prêtres gallicans qui, depuis tant d'années, résistent avec une si déplorable opiniâtreté aux décisions expresses et solennelles du Saint-Siége, donneront-ils au monde catholique un si bel exemple de soumission chrétienne !!!

PIÈCE JUSTIFICATIVE.

« AVIS.

PIEUX ABBEVILLOIS,

Une épidémie cruelle, après avoir porté en mille contrées diverses l'effroi et la mort, est venue tout à coup fondre sur cette cité chérie.

Déjà plusieurs de nos frères ont succombé à ce redoutable fléau, qui, chaque jour encore, continue parmi nous ses ravages, augmente le nombre de ses victimes.

Que tardons-nous à invoquer la miséricorde divine par des actes solennels de religion, à l'exemple de plusieurs cités de ce diocèse? Pourquoi notre ville, si distinguée dans tous les temps par sa piété, ne suivrait-elle pas un si édifiant et si salutaire exemple?

Abbevillois! levez-vous donc comme un seul homme; membres d'une même famille, venez tous ensemble à la *maison de prière*, fléchir, par d'humbles et ferventes supplications, le courroux du Seigneur.

Abbevillois! écoutez la voix de vos pasteurs, qui, animés pour vous d'un ardent et unanime amour, voudraient, au prix de leur vie, vous arracher à ce fléau dévastateur.

Venez donc tous, grands et petits, riches et pauvres, venez unir vos vœux aux nôtres, et réclamer avec nous l'intercession du glorieux saint Vulfran, notre principal protecteur. *C'est lui qui est l'ami de nos frères, c'est lui qui prie pour le peuple et pour la cité.*

Combien de fois, au sein de ses plus pesantes calamités, notre pieuse ville n'a-t-elle pas éprouvé les heureux effets de sa puissante médiation? nous en citerons un exemple bien remarquable.

« En 1718, une fièvre maligne accompagnée d'une sueur accablante, avait réduit presque tous ses habitans à une mort inévitable. A peine restait-il assez de personnes saines pour soigner les malades. On eut recours à saint Vulfran; on fit une procession solennelle où son corps fut porté avec les reliques de saint Foilan, comme il est d'usage, et le soir même l'air se trouva plus frais et plus pur. Le lendemain matin, tous les malades qui, la veille, étaient à la mort, se trouvèrent fort soulagés, et très-peu en moururent. Le soir, toutes les familles étaient en larmes, et le lendemain on revit la joie peinte sur tous les visages (1)! »

Hâtons-nous d'imiter, dans une circonstance semblable, la foi et la piété de nos pères : que les précieuses reliques de notre saint protecteur, portées en grande pompe et vénération à travers les rues et les

(1) Préface de l'Office de saint Vulfran, p. 7.

places de la cité en bannissent tout d'abord la terrible calamité qui désole ou menace, en ce moment, toutes nos familles.

Mais il ne suffit pas de recourir à la prière, nous devons, autant qu'il est en nous, réparer les maux qu'a déjà produits l'affreuse épidémie qui pèse sur nous, et prévenir ceux qu'elle peut causer encore.

Généreux Abbevillois, vous le savez, c'est contre la classe indigente que le fléau destructeur sévit avec le plus d'intensité. Un moyen efficace de s'opposer à ses ravages est donc de répandre dans le sein des familles pauvres d'abondantes aumônes. Hâtons-nous, le temps presse, hâtons-nous de les secourir, *de faire à autrui* ce que nous voudrions qu'on *fît pour nous* dans un si pressant besoin. Leur refuser nos aumônes, ce serait, aux yeux de Dieu, nous rendre coupables de leur mort.

« N'oubliez pas, disent nos livres sacrés, qu'il faut « exercer la charité et donner aux pauvres ; c'est par « de semblables offrandes qu'on apaise le Seigneur. Don- « nez et on vous donnera.... ; car on se servira envers « vous de la même mesure que vous aurez employée « pour les autres. Souvenez-vous de ceux qui souffrent, « comme si vous souffriez vous-même. »

Hélas ! qu'il est grand le nombre de ceux qui souffrent. Combien le choléra n'a-t-il point déjà fait de veuves et d'orphelins ! combien de familles honnêtes sont également tourmentées et par l'indigence et par la honte de l'avouer ! Les pasteurs le savent, et ont l'âme déchirée à l'aspect de tant de maux qu'ils sont dans la douloureuse impuissance de soulager.

Là, ils voient Ruth, timide et délaissée, qui attend que le riche et généreux Booz laisse tomber quelques épis de sa gerbe pour nourrir Noémi; ici, ils sont attendris par les cris plaintifs de jeunes enfans qui demandent du pain, et ils n'en ont point à leur distribuer.

Quel spectacle! et qu'il est déchirant pour nos cœurs; pour nous qui l'avons incessamment sous les yeux. Eh! qui pourrait, sans méconnaître à la fois la voix de la nature et celle de la religion, s'y montrer insensible? Le précepte sacré de l'aumône si fortement recommandé dans tous les temps, nous impose, dans ces circonstances impérieuses, une obligation plus rigoureuse encore.

Nous savons au reste, que les administrateurs de la cité n'ont rien négligé pour le soulagement des malheureux, et que, naguère, des aumônes ont été recueillies pas leurs soins. Mais *qu'est-ce que cela pour tant de monde?* la misère publique est loin d'être satisfaite. Combien de maux secrets, combien de pauvres honteux que l'administration ne connaît pas, ne peut pas connaître? et d'ailleurs est-il à craindre que les secours ne soient trop abondans?

On ne saurait donc trouver inconvenant que les pasteurs réclament aussi les honneurs de la bienfaisance: car c'est pour eux plus qu'un droit, c'est un devoir.

Vicaires de l'immense charité de Jésus-Christ pour les hommes, c'est à eux surtout qu'il est prescrit de consoler *le cœur de la veuve, de protéger l'orphelin délaissé, d'être l'œil de l'aveugle, le pied du boiteux, les pères des pauvres.*

Or ce devoir, c'est pour le remplir, autant qu'il est en eux, généreux Abbevillois, que les ecclésiastiques de cette ville, unis dans un même sentiment de charité avec plusieurs personnes notables des différentes paroisses dont elle se compose, élèvent la voix vers vous pour recommander à votre dévouement une œuvre toute de foi, toute de charité, et devant laquelle doivent se taire tous les dissentimens : le soulagement de nos frères malheureux.

Nous ne doutons pas que cette œuvre si nécessaire, si intéressante par l'extrême misère de tant de familles qui nous touchent de si près, ne soit favorablement accueillie par votre charité ardente, et que les résultats n'en soient proportionnés à de si grands maux. Rien ne sera plus propre à établir parmi les diverses classes de la société une union de plus en plus étroite, et cette fraternité touchante qui est le but terrestre du christianisme.

La prière et l'aumône : voilà donc les deux grands actes de religion et de charité par lesquels tant de pieux et généreux concitoyens vont consacrer unanimement leurs communes douleurs en soulageant les douleurs de leurs frères. La charité, notre foi nous l'apprend, a une double puissance, et la trace de ses bienfaits est moins visible dans les familles où ils arrivent que dans celles d'où ils partent.

Nous prions Dieu de bénir nos faibles efforts et de les rendre utiles et agréables à tous nos concitoyens.

Les dons seront reçus à domicile par MM. les ecclésiastiques, et par les personnes respectables qui veulent bien s'associer à cette bonne œuvre.

Suivent les signatures du clergé des paroisses St.-Vulfran, St.-Gilles, St.-Jacques ; et celles de plusieurs notables d'Abbeville. »

Or, je le demande aux hommes d'honneur de tous les partis, cette pièce était-elle de nature à mécontenter l'Evêché et à m'attirer de sa part de nouvelles avanies? Cependant cet écrit et une réunion de charité qui avait eu lieu à mon domicile jetèrent le trouble et l'effroi au palais épiscopal ; et bientôt je dus m'apercevoir que j'avais commis un délit nouveau. J'aurais pu, en révélant ces honteuses vexations, soulever contre leur auteur l'indignation de tout ce qu'il y a d'hommes justes et généreux dans ce diocèse. Mais, loin de faire connaître au public l'étrange récompense décernée à mon zèle, je résolus de tenter un un nouvel et dernier effort pour reconquérir les bonnes grâces de Monseigneur. En conséquence, j'adressai à sa Grandeur la lettre suivante :

« *Abbeville, le* 26 *mai* 1832.

« Monseigneur,

« Il y a quelque temps, un ecclésiastique respectable, après m'avoir exprimé la peine qu'il ressentait de l'inaction à laquelle je me vois condamné depuis près de deux ans, m'insinua qu'une démarche de ma part auprès de votre Grandeur aurait certainement pour résultat d'y mettre un terme.

« A la manière dont ces ouvertures me furent données, je dus croire, Monseigneur, qu'elles n'étaient pas étrangères à votre volonté. Quoiqu'il en soit, ma réponse fut, qu'ayant déjà satisfait à ce que me prescrivaient, sous ce rapport, la conscience et le devoir, cette nouvelle démarche n'était ni nécessaire ni même convenable, et que Dieu ne me demanderait compte que du bien qu'il m'aurait été permis de faire.

« Telle est encore aujourd'hui ma pensée, Monseigneur. Le but de cette lettre n'est donc pas d'obtenir une place dans le diocèse où je suis né, où j'ai beaucoup travaillé, et où j'espère passer le reste de ma vie ; mon but n'est pas non plus de demander ces simples pouvoirs qui ne sont refusés dans aucun diocèse aux prêtres, même étrangers, qui y résident, à moins qu'ils ne soient indignes ou incapables : entièrement résigné, grâces à Dieu, à l'anathême prononcé contre moi, je ne demande rien, pas même le droit commun ; car aucun motif d'intérêt personnel ne me guide.

Mon unique dessein, en me donnant l'honneur de vous écrire, Monseigneur, est de vous exprimer combien il me serait agréable de voir tomber le mur de séparation élevé entre votre cœur et mon cœur, et combien j'attache de prix à une réconciliation sincère et toute chrétienne.

Quelque soit le résultat de la proposition que je viens vous adresser, Monseigneur, je ne me repentirai point de l'avoir faite; cependant si, contre mon attente, elle vous était désagréable, je supplierais votre Grandeur de vouloir bien l'excuser en faveur du motif, de la regarder comme non avenue, et comme la dernière qui vous serait adressée de ma part.

J'ai l'honneur d'être avec un profond respect,

Monseigneur,

de votre Grandeur,

le très-humble et très-obéissant serviteur. »

On voit par cette lettre, que je n'imposais pas à Monseigneur des conditions excessivement onéreuses, et que sa charité n'était pas soumise à de trop rudes épreuves. Cependant cette proposition, qui n'était peut-être pas dénuée de quelque générosité de la part d'un prêtre envers qui l'on était descendu jusqu'à l'outrage, cette proposition toute chrétienne, qui l'eût pensé? ne fut pas même honorée d'une réponse directe ou indirecte, écrite ou verbale. Monseigneur, en sa qualité d'évêque apparemment, ne voulut pas entendre parler de réconciliation et se crut même affranchi de ces règles de politesse et d'égards mutuels, dont les personnes bien élevées, quels que soient d'ailleurs leurs dissentimens, ne se dispensent jamais.

Ces discussions si pénibles, je désirais vivement les éviter, j'avais tout fait pour cela; mais on ne me l'a point permis: elles seront les dernières, à moins que de nouvelles attaques ne me forcent à de nouveaux combats.

OUVRAGES

DE M. L'ABBÉ CARON.

Essai sur les rapports entre le saint patriarche Joseph et Notre Seigneur Jésus-Christ, un vol. in-4°. ; prix : 1 fr. 50 c.

Jésus-Christ le vrai Isaac, deux vol. in-12 ; 4 fr.

Observations pratiques sur une décision de la sacrée Pénitencerie, relative au gallicanisme ; prix : 25 c.

Première Lettre à Monseigneur de Chabons, évêque d'Amiens, brochure in-8°. ; prix : 1 fr.

Seconde Lettre : 1 fr. 25 c.

Réfutation de la théorie sociale du gallicanisme, un vol. in-8°. ; prix : 3 fr.

A ABBEVILLE,
Chez GRARE, Libraire, rue de la Hucherie.

A AMIENS,
Chez LEDIEN fils, Imprimeur, rue des Sergens.

www.ingramcontent.com/pod-product-compliance
Ingram Content Group UK Ltd.
Pitfield, Milton Keynes, MK11 3LW, UK
UKHW020346220726
13923UKWH00004B/1571

9 782019 314903